El Primer Bosque

La noche en que los árboles hablaron

El Primer Bosque es uno más de los innumerables regalos que nos ofrecen los árboles. Ellos nos proporcionan alimento, vestimenta y abrigo. Nos ofrecen su fresca sombra en el verano y nos protegen de los crudos vientos del invierno. Los árboles nos dan oxígeno para sobrevivir, medicinas para curar nuestros cuerpos y libros para enriquecer nuestras mentes. Son parte de las cosas vivientes más antiguas y más grandes de la tierra y su belleza provee infinita inspiración a los poetas y a los artistas. Cuando me propuse buscar una forma de enseñar a mis niños a no reñir y a ser más bondadosos entre ellos, los árboles me regalaron *El Primer Bosque*.

La lección que nos enseñaron los árboles

Fue como si los árboles me hubieran dicho: "Se nos ocurre una idea". Nos convertiremos en personajes de una historia que ayudará a tus niños a descubrir que es mejor ser bondadosos entre ellos que empujarse pelearse y lastimarse". *El primer bosque* es una fábula. Los héroes de la historia son los pinos, siempre verdes. Los actores y las actrices son los árboles que vemos cada día. Mi deseo es que disfruten este pequeño juego. Espero que *El primer bosque* renueve vuestro aprecio y respeto por los árboles. Y que ustedes sean por siempre los verdes pinos.

Para Renie, mi esposa, con amor,

para nuestros padres con gratitud

y para nuestros hijos con esperanza.

J.G.

Para Ashley

T.H.

John Gile lleva escribiendo para la televisión, la radio y la prensa por más de 25 años. Es el editor de una publicación regional y enseña clases para escritores a través del Writer's Workshop (Taller para escritores) en Rockford, Illinois. Sus artículos, historietas y columnas aparecen en periódicos y revistas de los Estados Unidos y Canadá. El primer bosque es parte de una colección de cuentos que el autor creó originalmente para contarlos a sus niños a la hora de ir a dormir.

Tom Heflin es un ilustrador premiado cuyas obras se exponen en muestras de Nueva York, Chicago, Seattle, Dallas y otras ciudades de los Estados Unidos incluyendo Washington D.C. El famoso artista del medio oeste ha tenido 17 muestras consecutivas de rotundo éxito. Una gran colección de sus escritos y sus pinturas fue publicado bajo el título de "Quiet Places" en 1977. El artista Reside en Rockford, Illinois y su estudio se halla en una zona rural del norte del mismo estado.

El Primer Bosque

Escrito por John Gile

Traducido por Clarita Kohen-Klieman

Ilustrado por Tom Heflin

10 9 8 7 6 5 4 3 2 1

Library of Congress Card Number: ADD 2006931536
ISBN-13: 978-0-910941-15-0
ISBN-10: 0-910941-15-7

Impreso en los Estados Unidos
por Worzalla, Stevens Point, Wisconsin

¿Por qué crees que en invierno siempre puedes encontrar
tantos árboles desnudos que el viento trata de helar?

Ven, dame la mano,
te llevaré en un momento,
a un bosque donde los árboles
se crearon hace mucho, mucho tiempo.

Si quieres ir al bosque, te voy a llevar
cúbrete los ojos y empieza a imaginar
árboles de todo tamaño y de los más extraños
hasta con un monstruo lleno de hojas te puedes topar!

También puedes imaginar
matas llenas de espinas
o matas de hojas muy finas.
No dejes de imaginar, imagina sin parar
sigue imaginándolos a como dé lugar.

Si sigues mi consejo bien pronto habrás de llegar
al Primer Bosque, donde los árboles se empezaron a crear.

Allí , el Arbolero creó los árboles con gran esmero
con las ramas hacia arriba y las raíces en el suelo.
Les dio troncos fornidos y verdes vestidos
les dio cuidado, aliento y mucho alimento.

Dejó que cada árbol fuera lo que quisiera;
un abeto, un arce, un pino o un árbol de ciruelas.
Había para todos los gustos y todo lo que quisieran,
de todo, para poner contento a cualquiera.

¡Qué feliz se puso el Arbolero
al ver a su bosque tan bueno!
¡Que alegría, qué felicidad
ver entre los árboles tanta hermandad!

Les enseñó a crecer y a vivir de tal manera
que los árboles siempre pudieran
transformar la luz el agua y la tierra en madera.

Y así pasaron los días con paz y alegría
mientras los árboles crecían y también se ponían
airosos, orgullosos, imponentes y majestuosos.

Pero un triste día se acabó la alegría .
Cundió la codicia, corrió la avaricia y se oyó a un árbol decir:
- Si pudiera atrapar todos los rayos del sol,
Yo sería el más grande, yo sería el mejor.

Estiró sus brazos y empujó a los demás.
Ese día en el bosque se acabó la paz.

Bien pronto los demás lo siguieron como corderos
ramas rotas y hojas muertas fueron a dar al suelo.

Los árboles se empujaron, se lastimaron y se maltrataron.
Y los sauces con gran tristeza, con mucha pena lloraron,

Cuando el Arbolero llegó al bosque esa noche
sus árboles hermosos lucían como fantoches:

Estaban asustados, maltrechos, enredados
menos unos pocos que no se habían peleado.

Con el corazón partido y todo compungido
el pobre Arbolero se puso a llorar.
Qué escena, qué rabia, qué pena
de su hermoso bosque, nada queda ya.

Lentamente se puso a componer el lío,
toda esa espesura toda esa negrura.
Echó al egoísmo la codicia y la avaricia
y curó las heridas con ternura y caricias.

Después el Arbolero hizo lo más duro de hacer
castigar a los culpables del infame lío aquél.
Sentenció a los egoístas de cualquier tamaño
a perder sus hojas, una vez al año

Y a los que se mantuvieron calmados y serenos,
mientras los demás peleaban con cinismo y egoísmo,

prometió que de ahora en adelante en verano, en invierno y las demás estaciones lucirían sus hojas siempre verdes y brillantes para premiar sus acciones.

Es por eso que en invierno siempre puedes encontrar
tantos árboles desnudos que el viento trata de helar.

Pero el amor del Arbolero se refleja cada primavera
cuando les devuelve su belleza llenándolos de hojas nuevas.

Nota

del autor

con respecto

a *El primer Bosque:*

En pocas palabras,

mi intención es que tanto los niños

como los lectores adultos adquieran

un espíritu de generosidad, confianza y deseo

de compartir. *El primer bosque* nos recuerda

que la avaricia y el egoísmo hacen daño y que de

la apreciación por los regalos que recibimos y el respeto

por las necesidades y los derechos de los demás emanan

la paz y la armonía. La técnica utilizada es similar a la de

las fábulas de Esopo y otros en donde se utilizan alegorías para

transmitir el mensaje: los lectores absorben el mensaje de acuerdo

a sus propias experiencias en vez de aplicarlos a las características del animal

o el elemento de la naturaleza cuyo comportamiento no es el correcto.

Si por lo menosuna persona adquiere una actitud más generosa hacia

los demás porque *El primer bosque* le recuerda un árbol sin frutos, un pino

por siempre verde o un árbol que pierde sus hojas en el otoño o que las recupera

en la Primavera,

nos daremos

por satisfechos

de nuestra misión.